CW01651326

Α Α

Α

α α

α

αρκούδος

Β Β

β β

βάτραχος

Γ

γ

γουρούνι

Δ 1 2 3

δ 3 2 1

δελφίνι

δελφίνι

Ε

ε

Ελένη

Ελένη

Ζ

ζ

ζέβρα

Η

η

ήλιος

ήλιος

Θ

θ

Θανάσης

Ι

ι

ιπποπόταμος

Κ

κ

κουκουβάγια

κουκουβάγια

Λ

λ

λιοντάρι

M

μ

μαγιό

N N

N

V v

v

νταλίκα

νταλίκα

Ξ

ξ

ξύστρα

ξύστρα

Ο

ο

ομπρέλα

Π

π

πελέκανος

Ρ

ρ

ρόδα

ρόδα

Σ

σ

σκύλος

σκύλος

Τ

τ

τηλεόραση

Υ Υ

Υ

υ υ

υ

ύφασμα

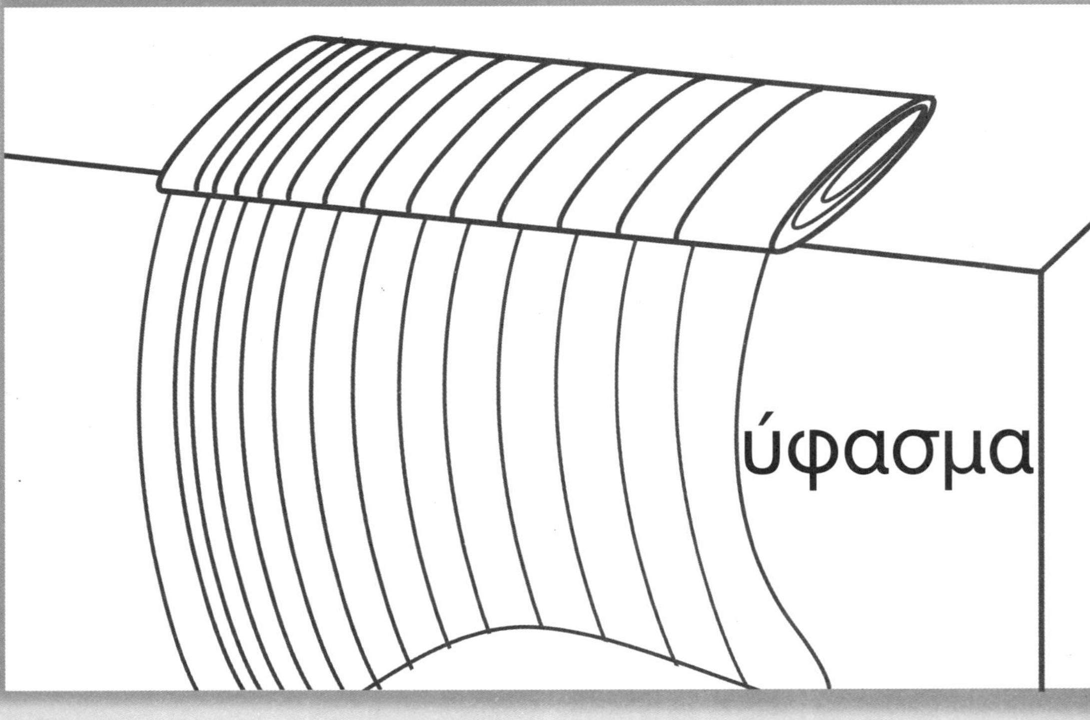

Φ

φ

φίδι

φίδι

Χ

χ

χταπόδι

Ψ

ψ

ψάρι

Ω

ω

ώρα

1

2

3

4

5

6

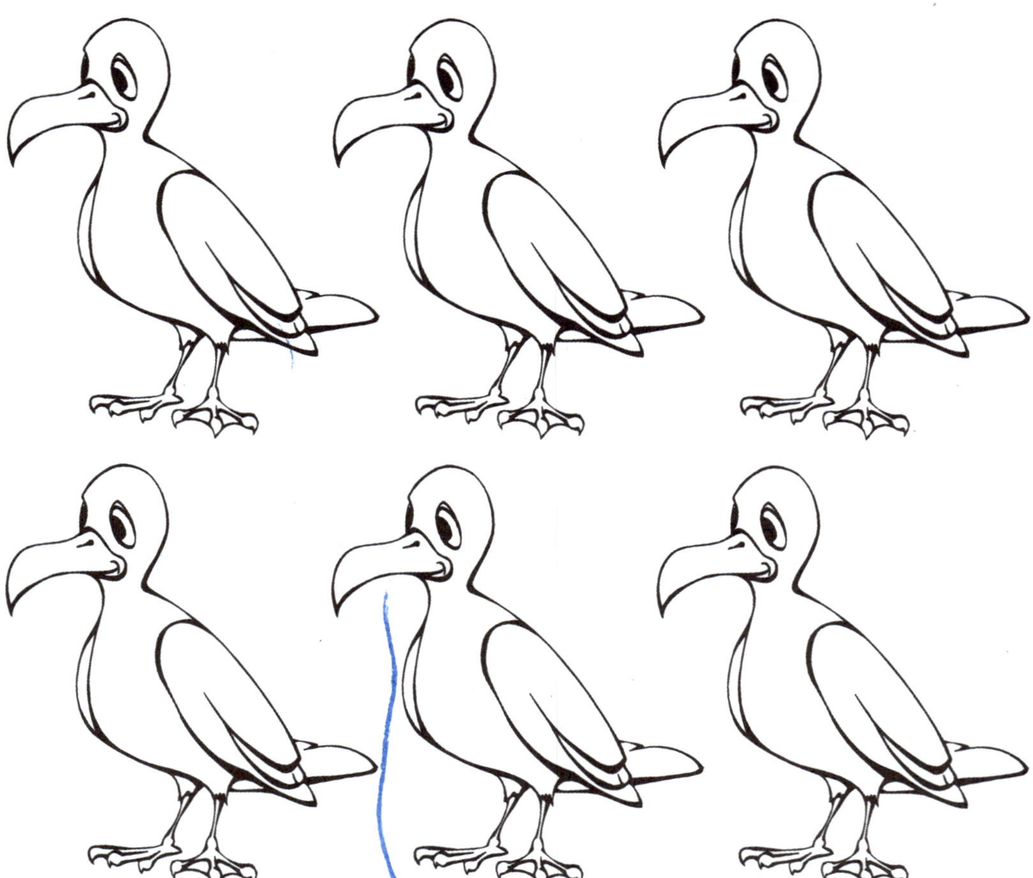

7

8

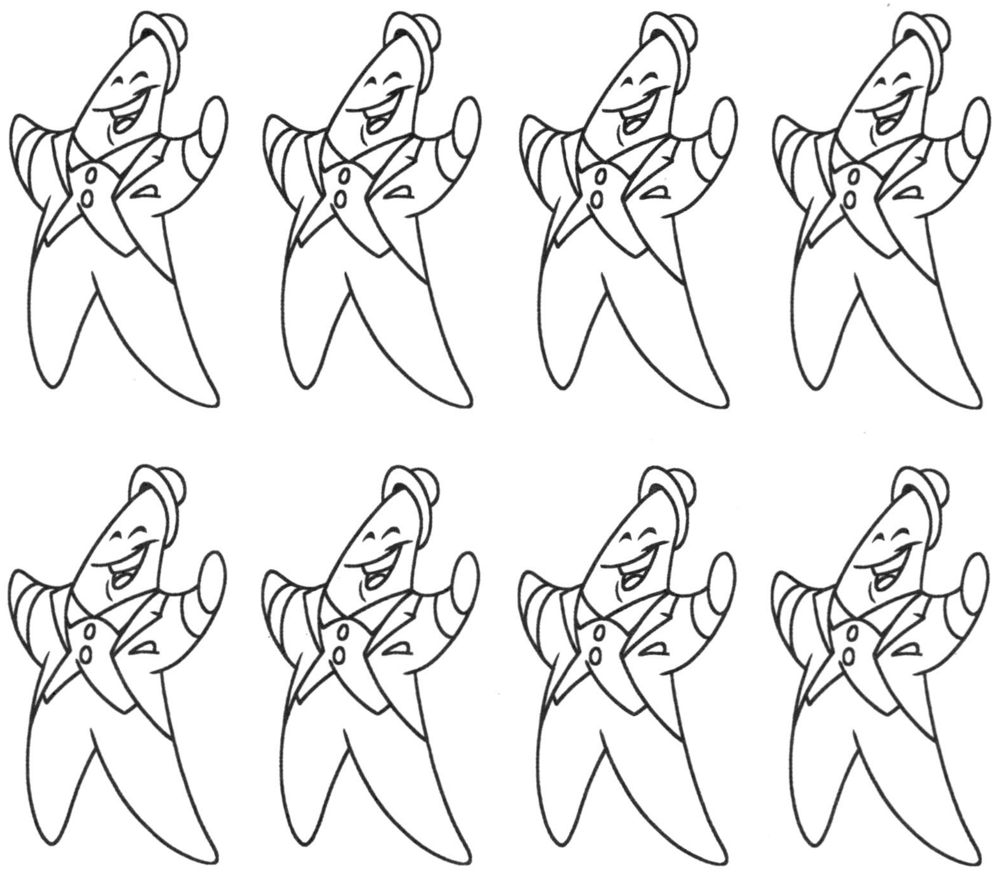

9

10

Στην κάθε σειρά, πόσες είναι
οι φραουλίτσες; Μέτρησέ τις πρώτα
και γράψε ύστερα τον σωστό αριθμό,
μέσα στο τετράγωνο πλαίσιο.

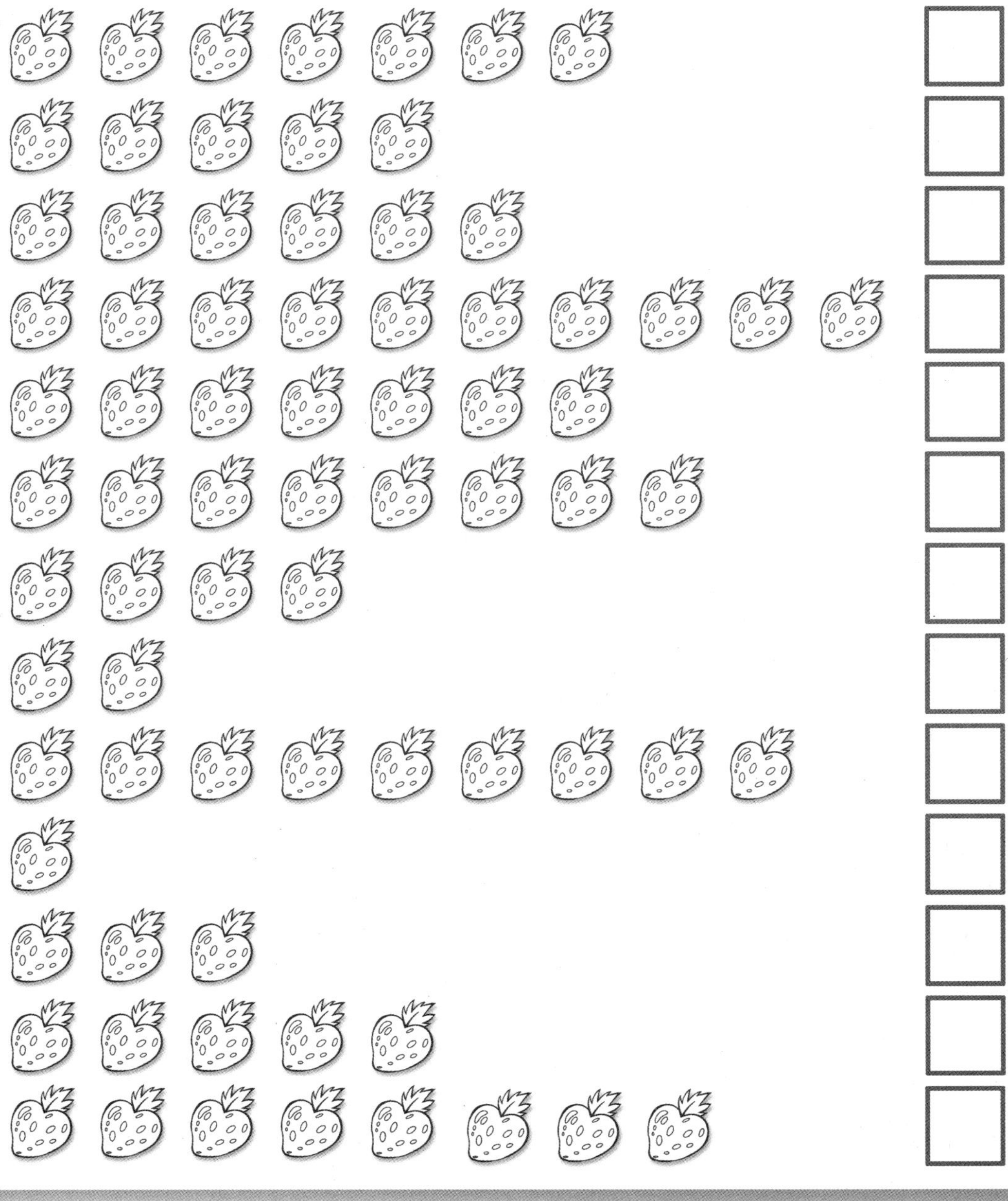

Ξαναγράψε τους αριθμούς
από το 1 έως το 10,
κάτω από την πρώτη σειρά.

1 2 3 4 5 6 7 8 9 10

1 2 3 4 5 6 7 8 9 10

Στην κάθε σειρά, πόσα είναι
τα καρότα; Μέτρησέ τα πρώτα
και γράψε ύστερα τον σωστό αριθμό,
μέσα στο τετράγωνο πλαίσιο.

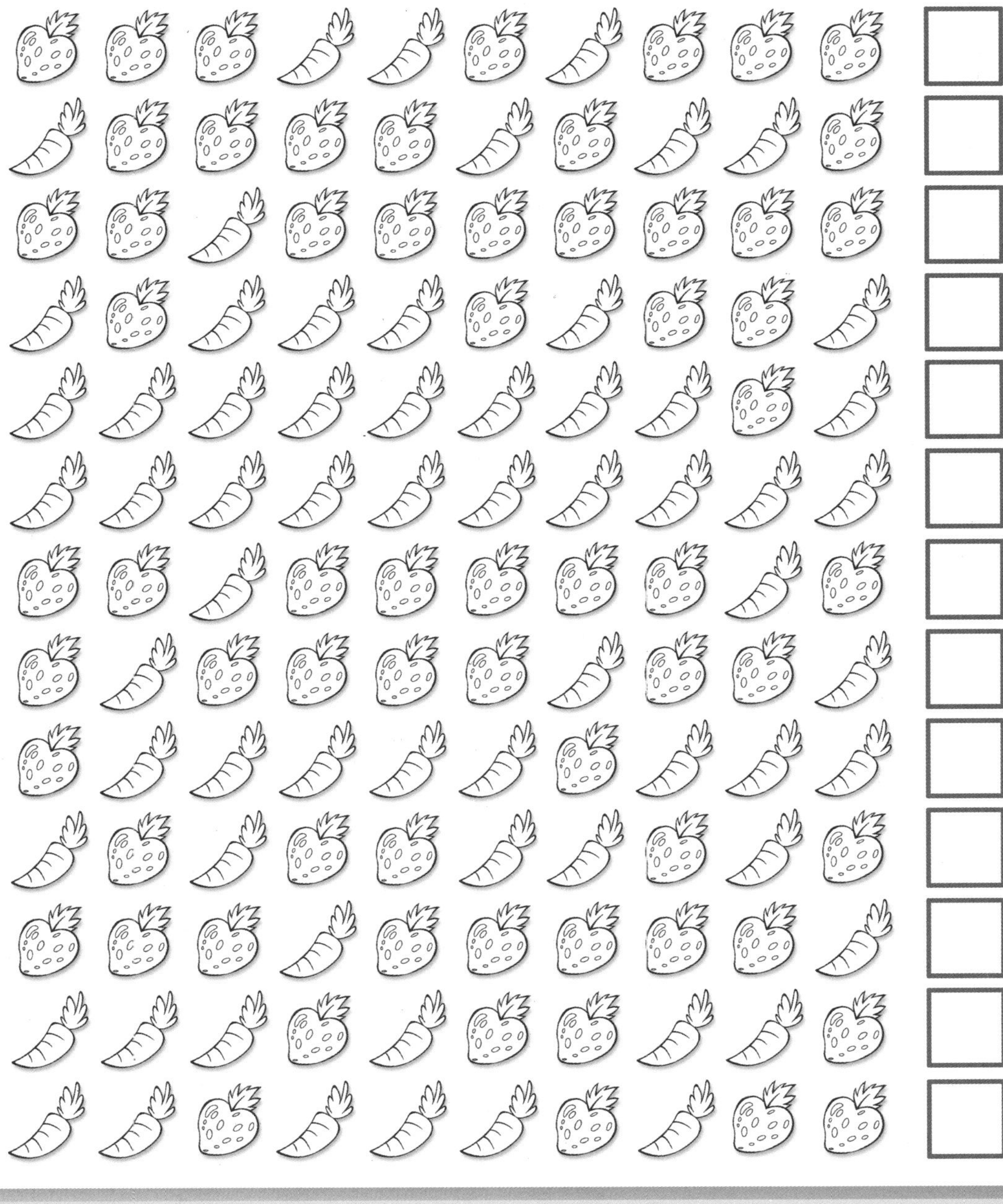

Χρωμάτισε με όποια χρώματα θέλεις, τόσα μόνο σαλιγκάρια, όσα γράφει ο αριθμός δίπλα τους.

5

2

3

4

1

2

4

Ένωσε με ευθείες γραμμές, τις τελείες που είναι δίπλα στους αριθμούς, με τη σειρά από το 1 έως το 10.

Τι εικόνα σχηματίστηκε;

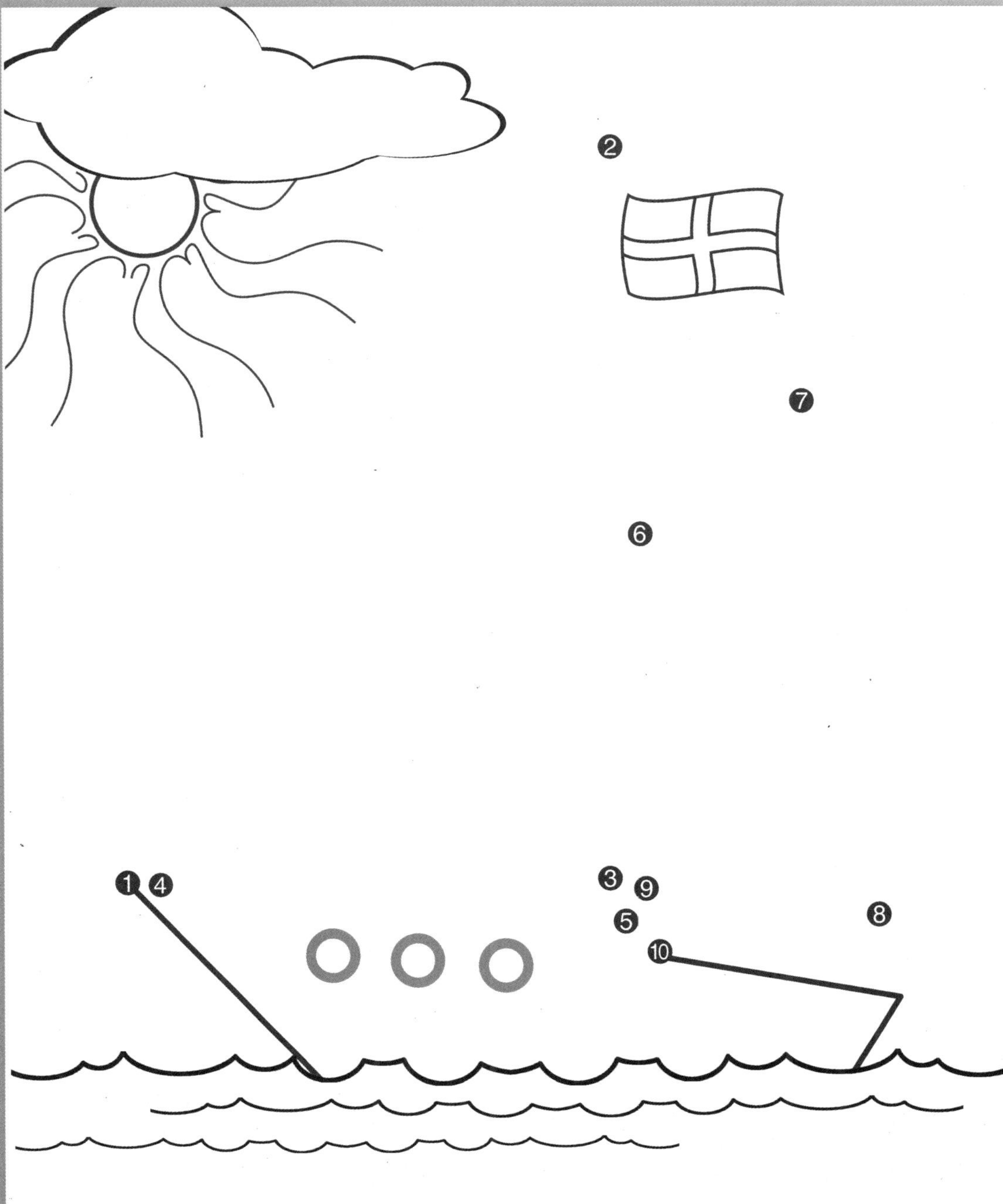

Ένωσε με ευθείες γραμμές, τις τελείες
που είναι δίπλα στους αριθμούς,
με τη σειρά από το 1 έως το 10.
Τι εικόνα σχηματίστηκε;

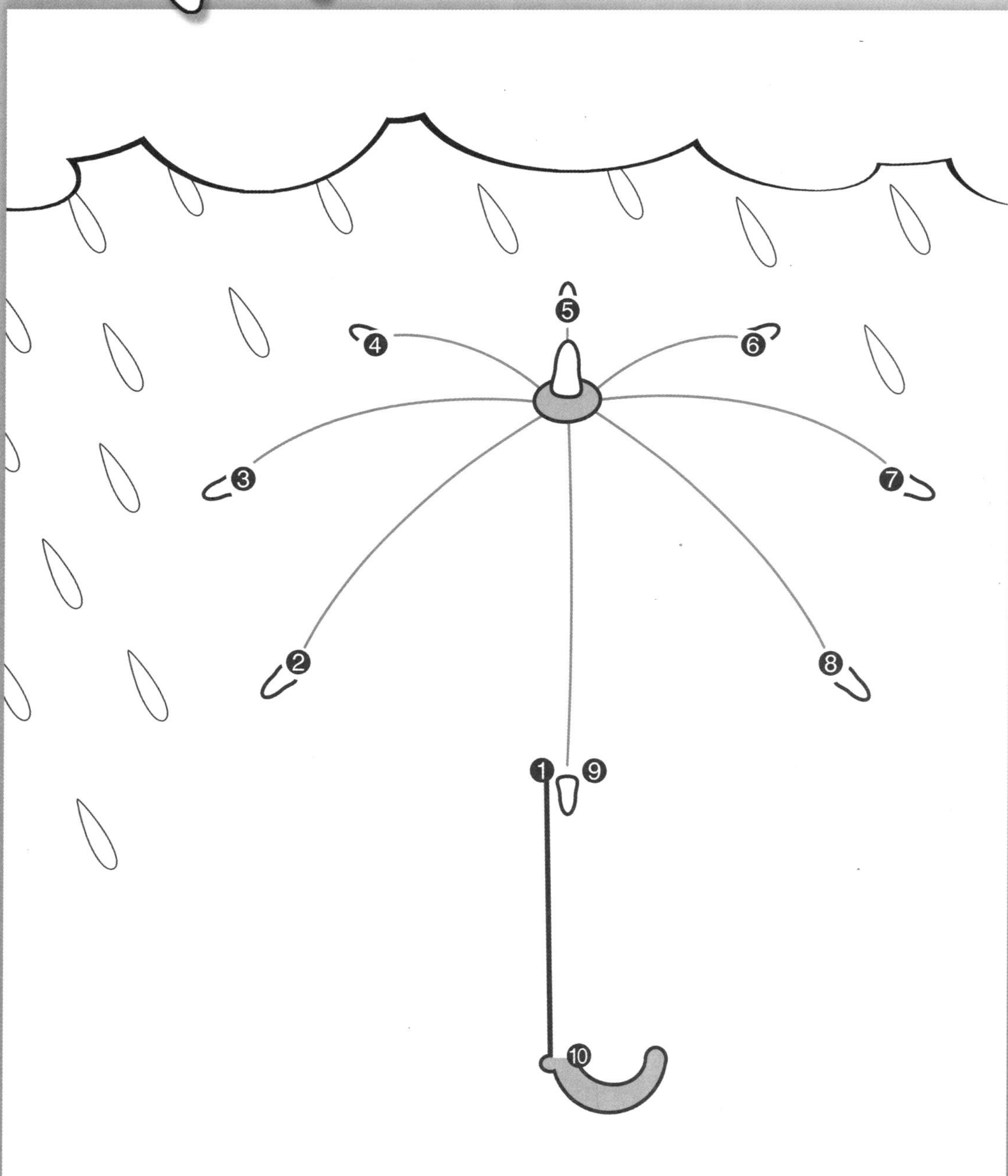

Χρωματίζω τις εικόνες

Η καμηλοπάρδαλη

Το προβατάκι μας δίνει το μαλλί του

Ο Ντίνο το κουταβάκι

Στον Ρόκυ αρέσουν πολύ τα καρότα

Στον Πίκο αρέσουν τα μπαλόνια

Η Ψιψίνα η γατούλα πεινάει

Η αγελάδα βόσκει

Ο Γιαννάκης και ο φίλος του ο Πίκο

Η Μαρία με το καινούριο της φόρεμα

Ο Κωστάκης είναι χαρούμενος

Η Μαρία φοράει τη μάσκα της για να βλέπει στο βυθό

Ο Ρόκυ απέκτησε καινούριες ξυλομπογιές

Ο κλόουν

Το σκιάχτρο το βάζουν οι γεωργοί στα χωράφια

Ο Πίκο, το ποντικάκι πάει ταξίδι

Το σπιτάκι του Ρόκυ

Ο Ρόκυ είναι έτοιμος να ζωγραφίσει

Χιονάνθρωπος

Ο Πίκο ξεκουράζεται

Τα ψαράκια ζούνε μέσα στο νερό

Ο Ρόκυ είναι έτοιμος για κολύμπι

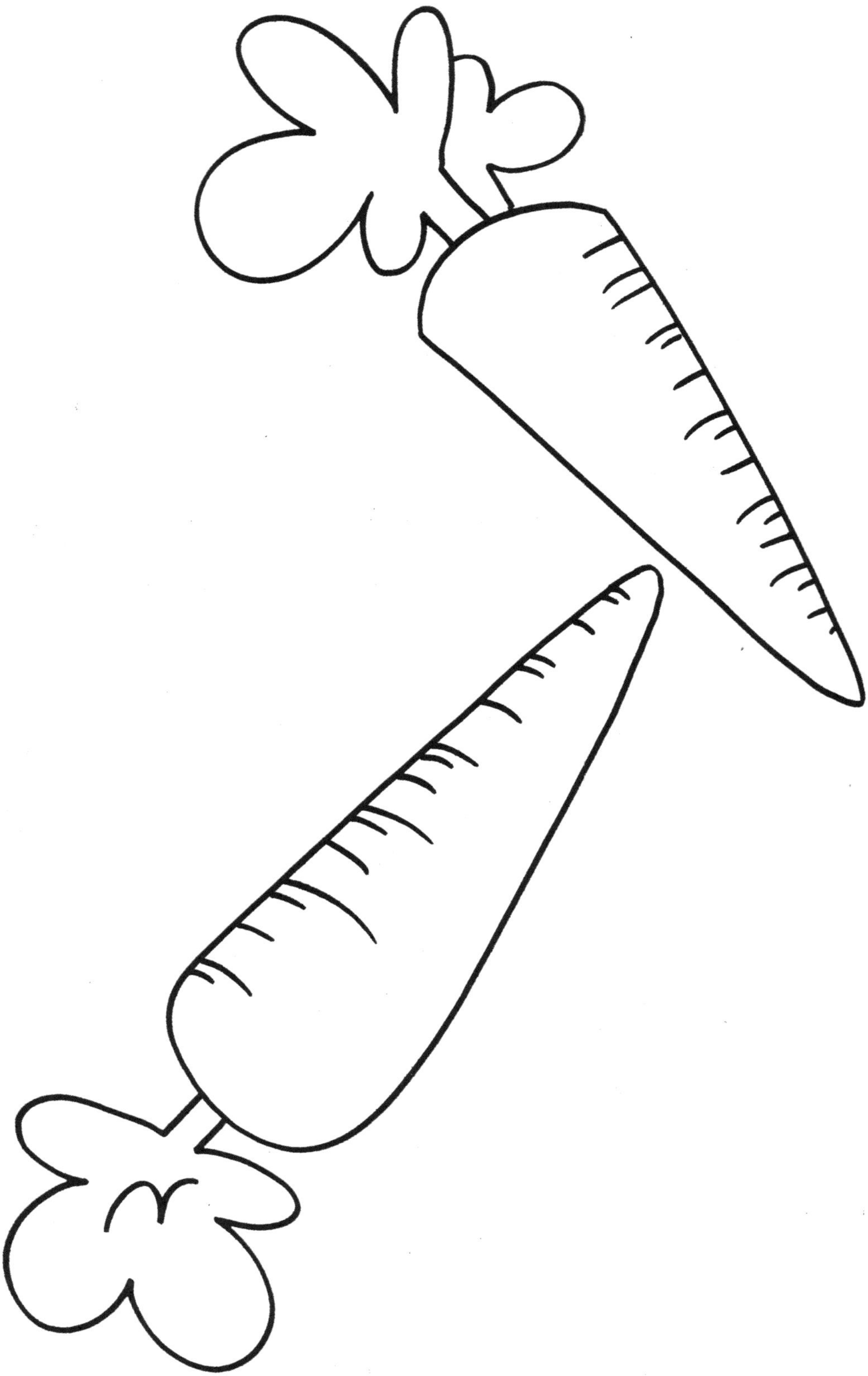

Τα καρότα έχουν πολλές βιταμίνες

Όταν τρώμε πολλές καραμέλες χαλάνε τα δόντια μας

Μια χαριτωμένη χήνα με καπέλο

Ο Πίκο το ποντικάκι νυστάζει

Μανιτάρι και κάμπια

Το σαλιγκάρι

Το σκιάχτρο

Ο Κώστας μασκαρεύτηκε βασιλιάς

Είναι άνοιξη και το λουλούδι άνθισε στη γλάστρα

Τα πορτοκάλια έχουν πολλές βιταμίνες

Στη Μαρία αρέσει πολύ να διαβάζει ιστορίες

Ο Κωστάκης είναι χαρούμενος γιατί περιμένει τους φίλους του

Χρωματιστά μολύβια

Μπαλόνια

Το σταφύλι το τρώμε το καλοκαίρι

Αχλάδι

Στον Πίκο αρέσει πολύ το τυρί

Η κοτούλα αναζητά την τροφή της

Βατραχάκια